DES FUNÉRAILLES.

Par le C. DÉTOURNELLE, architecte.

Mémoire qui a concouru pour le prix de l'Institut, en vendémiaire an 9.

Non toti morimur; vivit post funera virtus.

PARIS,

A la Librairie, rue des Prêtres-Saint-Germain-l'Auxerrois, n°. 44, vis-à-vis l'église.

AN IX

AVIS.

Ce Mémoire est une exacte copie, pour le texte et les planches, de l'original remis à l'Institut.

MÉMOIRE

SUR

LES FUNÉRAILLES

ET LES SÉPULTURES,

OU

RÉPONSE

AUX DEUX QUESTIONS SUIVANTES,

PROPOSÉES PAR L'INSTITUT NATIONAL DE FRANCE:

Quelles sont les cérémonies à faire pour les Funérailles, et le réglement à adopter pour le lieu des Sépultures ?

AVANT la révolution, le culte catholique étant le dominant, toutes les familles se voyaient soumises, quand il s'agissait d'un convoi funèbre, au despotisme et à l'avidité mercantille d'un curé; les obsèques les plus simples coûtaient fort cher, et souvent les parens, épuisés par les frais qu'avait nécessités une longue maladie, étaient obligés

A 2

(4)

d'emprunter afin de subvenir à cette dépense, pour laquelle il n'y avait nul crédit. Les enterremens, étaient pour la portion la plus nombreuse, d'un prix trop onéreux.

Depuis que les prêtres du culte catholique ne sont plus chargés des sépultures, les obsèques coûtent un moindre prix ; mais un autre inconvénient les accompagne ; l'indécence la plus révoltante préside aux enlèvemens des corps ; tantôt c'est le spectacle des porteurs fatigués, qui déposent leur fardeau sur la porte d'une maison publique, où ils entrent s'enivrer de liqueur, sous prétexte de ranimer leurs forces ; tantôt un homme marchant à grands pas, porte sur l'épaule le corps d'un adulte, et court précipitamment l'enterrer, choquant de son mort la plupart des passans. Que d'images révoltantes n'aurais-je pas à retracer, si je voulais faire passer en revue tout ce dont j'ai été témoin !

De cette négligence des citoyens actifs à ce service, il en est résulté une insouciance des parens, et les devoirs rendus aux morts sont restés oubliés ; il était nécessaire de redonner de la vigueur à la morale presqu'anéantie dans une de ses parties la plus sacrée ; le gouvernement, à qui cette indécence est connue, a senti la nécessité de s'occuper des réglemens qui concernent les cérémonies et les sépultures ; il a chargé l'institut de publier un programme à ce sujet.

Plusieurs compagnies ont organisé des plans sur les funérailles, et ont prouvé même dans leur opération, qu'ils pourraient produire un revenu certain à l'état, si on voulait les laisser exécuter ce qu'ils proposaient. Je pense que les mémoires qui seront envoyés, s'écarteront de toute vue d'intérêt sordide en pareil cas, et que loin d'établir de nouveaux impôts pour satisfaire au luxe des obsèques, ils chercheront à en modérer les dépenses. Un objet aussi moral, le réglement d'un devoir aussi saint que celui qui nous occupe, ne doit pas être la spéculation d'agioteurs à côté des derniers services à rendre aux mânes des humains ; il serait affreux de voir un fisc calculant sur la mortalité. La loi sur les sépultures, la meilleure, sera celle qui, conforme aux principes de la constitution, saura se concilier les sectateurs des différens cultes ; il ne faut donc pas l'établir sans consulter le tempérament politique des Français ; on a eu lieu de le connaître depuis quelques années.

Presque tous les peuples, formés d'abord d'émigrés, d'aventuriers, de l'excédant d'une nombreuse population, ont adopté des usages sur les funérailles, qui étaient la suite d'une religion qu'ils croyaient, ou de celle dont ils tiraient leur origine; l'on voit, malgré leur variété, que le plus grand respect a toujours accompagné les obsèques.

Ce respect existe aussi chez les Français; mais le gouvernement n'ayant intention de protéger préférablement aucune religion, il s'ensuit que les sépultures doivent être organisées d'après une loi de l'état qui rentre dans ce principe de liberté ; jusqu'à présent le culte a été respecté dans l'intérieur des temples, il le sera encore pour les funérailles; mais aucune secte ne pourra disposer de ses morts quand à l'inhumation, sans être soumis aux lois que la société a droit de prescrire à ce sujet; la presque totalité des citoyens se conformera à l'usage adopté par le réglement, parce qu'il sera le moins dispendieux; les riches s'en écarteront souvent; mais la dépense de leurs obsèques dépendra de leur volonté; le culte catholique qui aujourd'hui paraît suivi davantage selon l'intention de son fondateur, ne pourra les assujettir à des tarifs arbitraires; ils ne donneront aux prêtres que les émolumens qu'ils voudront bien leur accorder, et que ceux-ci seront toujours satisfaits de recevoir ; n'ayant plus de moyen d'exercer leur empire sur les fortunes.

Je ne propose pas, pour la sépulture du peuple, des mausolés superbes, des catacombes construites à grands frais ; le faste seul de la nature doit environner les lieux simples et agrestes, destinés à devenir l'asyle des tombeaux ; tels seront nos cimetières, à qui nous donnons le nom de champ du repos. L'épouse qui vient pleurer son époux, le fils qui redemande son père, évite le luxe dans sa douleur ; le lieu le plus solitaire, le plus silentieux charme leur ennui, et convient le mieux à leurs tristes réflexions.

Pour remplir tels devoirs qu'exigent tels morts, je pense qu'il ne faut jamais déranger leur repos ; qu'une fois confiés à la terre, c'est un lieu sacré où ils doivent rester éternellement.

Je ferai donc en sorte, malgré les décès fréquens des grandes villes, de donner des dispositions qui ne contrarient pas ce repos éternel, et jamais nos morts ne seront troublés.

Les cérémonies à faire pour telles funérailles, doivent être simples et convenables au respect religieux que les hommes ont pour les morts ; chaque religion ayant ses usages et étant exercée librement, on doit laisser à chacun rendre les derniers devoirs selon que lui prescrit le culte qu'il observe, en assujettissant cependant dans les obsèques aux lois de la décence et de la salubrité, que la société a droit d'exiger, et auxquels toutes les religions doivent être subordonnées.

Les cérémonies que je soumets au jugement de l'institut, se bornent à peu de choses dans les innovations; il faut se donner la simplicité pour but, si l'on ne veut pas trouver trop d'opposans dans l'exécution du projet proposé.

Je ne parle pas des innombrables manières dont les nations de l'antiquité honorent les morts; je cite encore moins pour exemple les peuples contemporains; cet étalage d'érudition ne peut que jeter dans l'embarras et l'ennui d'un trop long mémoire; ce serait d'ailleurs répéter des discours très-savans qui ont été écrits depuis peu de tems, et qui sont connus de beaucoup. Pour fixer les idées dans un sujet aussi important, je crois bien faire en répondant aux questions du programme, par un projet de loi divisé en deux sections, qui se subdiviseront en différens titres et articles; la première contient d'un manière très-développée tout ce que l'on peut prescrire sur les cérémonies à faire dans les funérailles ; la seconde sur le réglement à adopter pour les sépultures. Après avoir tracé ce projet de loi, j'ajoute des détails sur la partie financière, tels que les dépenses premièrement à faire pour l'établissement, celles d'entretien annuel ; je mets ensuite sous les yeux les indemnités qui prouvent que ce projet doit peu coûter à l'état ; enfin, des planches où sont tracées des figures auxquelles on renvoie dans le cours de la lecture, dans l'établissement d'une loi sur les funérailles ; c'est la population des grandes villes qui cause le plus de difficulté ; sans cet obstacle, il serait aisé de répondre surtout à la seconde question proposée : *Quel est le réglement à adopter pour le lieu des sépultures ?*

Lorsqu'on parcourt une loi, les objections naissent en foule ; on desire connaître le motif de l'auteur, et savoir qui a pu le déterminer. J'ai, pour me faire entendre, ajouté des notes à la fin, de façon qu'elles ne puissent interrompre l'ensemble du projet ; la lecture va démontrer combien j'ai pu me rapprocher du mieux dans cette partie. Heureux si dans un sujet aussi pieux, je puis contribuer, par quelques nouvelles idées, à rétablir dans sa sainteté le respect que nous devons aux cendres des humains.

LOI SUR LES FUNÉRAILLES.

SECTION PREMIÈRE.

Des cérémonies à faire pour les funérailles.

TITRE PREMIER.

Des précautions et formes à suivre au moment du décès.

ARTICLE PREMIER.

Aussi-tôt qu'un individu aura rendu le dernier soupir, celui qui aura assisté, soit garde malade, parent ou ami, ira, accompagné d'un témoin, faire sa déclaration à l'administration des décès de son arrondissement (1).

II.

Le délai fixé pour les déclarations ne pourra se prolonger plus de trois heures dans le jour; si le malade meurt dans la nuit, la déclaration se fera le matin avant huit heures.

III.

Le commis chargé de recevoir les déclarations aura un registre sur lequel elles seront inscrites; les femmes étant plus souvent chargées du soin des malades, leur déclaration, accompagnée d'un témoin mâle, sera reçue.

(11)

Modèle de déclaration.

Le citoyen *Duval*, menuisier, rue de l'Université, nº. 17, accompagné du citoyen *Morel*, parfumeur, rue du Bac, nº. 23, ont déclaré que le citoyen *Dubois*, élève de l'école polythecnique, âgé de vingt-un ans accomplis, était décédé dans une maison, rue du Bac, nº. 36, le 18 thermidor, à neuf heures du soir.

Lesquels ont signé la présente déclaration écrite le 19 thermidor an 8, à neuf heures du matin.

I V.

Un officier de santé attaché à l'administration des décès ira le matin à dix heures, et l'après-dîné à quatre heures, prendre connaissance des déclarations, pour aller de suite dans chaque maison faire une visite, et constater que l'individu est réellement mort ; il fera un procès-verbal signé de deux témoins, et après l'avoir rapporté au bureau, il sera copié sur un registre.

Modèle de procès-verbal.

Nous soussigné officier de santé du onzième arrondissement, administration des décès, après avoir examiné le corps du citoyen *Dubois*, élève de l'école polythecnique, que le citoyen *Duval*, menuisier, son parent, nous a dit être décédé le 18 thermidor, à la suite d'une fluxion de poitrine ; nous n'avons reconnu sur le cadavre aucune marque de violence : tous les indices nous ont paru conformes à la déclaration du citoyen *Duval* ; nous pensons que le corps peut-être enseveli, et renfermé dans le cercueil, et transporté au dépôt de l'administration des décès (2).

V.

Les parens auront soin de faire écrire sur le cercueil, d'une manière quelconque, le nom du décédé, afin de le reconnaître jusqu'au moment de l'inhumation.

V I.

Si les parens de l'individu étaient dans la nécessité, et qu'il paraisse constant à l'officier de santé que la dépense des funérailles leur fût impossible, il ajoutera à son procès-verbal la demande d'un linceuil et d'une bière, qui sera envoyé aussi-tôt par l'administration (3).

V I I.

Les parens qui desireront faire des funérailles

différentes de celles présentées par la loi, sou-
mettront à l'administration générale des décès
la manière dont ils veulent rendre les derniers
devoirs aux restes de ceux qui leur sont chers ;
l'administration examinera et accordera toujours
la permission, toutes les fois que les dispositions des funérailles seront conformes à la salubrité et à la décence publique, et à la liberté
des cultes, tel que le gouvernement la to-
lère (4).

V I I I.

Les parens pourront faire construire la bière
par qui ils voudront, et de telle matière qu'ils
jugeront à propos, mais en se conformant pour
la forme et l'assemblage au modèle déposé à
l'administration (5).

T I T R E I I.

Dépôt des corps à l'administration des décès.

A R T I C L E P R E M I E R.

Dans le lieu où se tiendra l'administration
des décès, il y aura un dépôt (6).

I I.

Deux heures avant le lever du soleil, quatre
porteurs attachés à l'administration, accompagnés

d'un conducteur , iront enlever les corps des personnes décédées la veille ; ce dernier fera observer le plus grand silence aux porteurs , et combinera le tems , de manière que les cadavres soient rentrés au dépôt de leur arrondissement avant le jour ; dans ce transport, la bière sera couverte d'un drap bleu foncé (7).

I I I.

Arrivé au dépôt, les corps seront déposés dans une salle en forme de chapelle, ou de temple, le plus conforme au plan, fig. 2 de la planche première, n°. 7 et 8 (8).

I V.

Sur chaque bière , il y aura une draperie blanche parsemée d'étoile en broderie jaune ; au devant sera attaché un cadre en forme d'enseigne antique , où seront inscrits les noms, l'âge, le sexe, la profession du décédé ; les parens qui voudront ajouter quelques mots à la louange du défunt, les rédigeront à leurs volontés , pourvu que l'éloge n'excède pas l'espace donné dans le cadre (9).

V.

Le drap qui couvrira la bière, sera aux dé-

pens de l'administration ; le sexe et l'âge seront
désignés par un morceau d'étoffe posé en tête
du cercueil ; il sera blanc pour les filles, rose
pour les femmes, lilas pour les jeunes garçons,
bleu de ciel pour les hommes ; sur le pied de
la bière il y aura un instrument de l'état que
professait le mort Les objets, pour distinguer
le sexe et l'état, seront fournis par les parens, et ils leur seront rendus après l'inhumation (10).

V I.

Le dépôt sera ouvert au public ; chacun
pourra prendre lecture de ce qui sera écrit
vis-à-vis chaque corps.

V I I.

Aucun enfant ne pourra venir visiter s'il n'est
accompagné d'une personne en âge de raison.
Le plus grand silence s'observera dans ces dépôts ; il ne sera permis d'y parler que pour s'en-
tretenir de la vertu, des talens des citoyens dont
les corps seront exposés.

V I I I.

Le dépôt sera décoré de sculptures analogues, et de tous les ornemens simples qui

pourront inspirer des pensées convenables au sujet et au lieu.

I X.

Une fois que le corps du décédé sera transporté au dépôt, les parens seront obligés de se conformer à tout ce que prescrit la loi pour l'inhumation et autres cérémonies, et dès-lors il ne sera plus question d'aucun culte (11.)

X.

Tous les articles précédens seront observés dans les villes considérables de la France; mais dans les petites communes où il n'y aura pas d'administration de décès, le maire sera le régulateur, et le préfet du département veillera à la salubrité et à la décence, en inspectant de tems à autres comment se font les inhumations, et en observant si elles rentrent dans l'esprit de la loi établie pour les grandes villes (12).

TITRE III.

Départ des convois pour les champs de repos, et cérémonies pendant la marche.

ARTICLE PREMIER.

A la fin du jour les parens et amis du décédé se rendront au dépôt (13).

I I.

(17)

I I.

Le commis chargé du dépôt sera le régulateur des cérémonies ; il donnera les ordres pour
que les corps soient chargés sur les chars, et
placés dans un sarcophage , comme on le voit
planche 5, fig. 2 et 3 (14).

I 1 I.

Le régulateur verifiera devant chaque parent les
déclarations , en voyant si les noms sont conformes ; il fera signer, les plus proches parens.

I V.

Quand le char mortuaire sera chargé , le sarcophage sera couvert d'un drap blanc ; au milieu
duquel sera brodée une couronne d'étoiles,
et sur le bord, une broderie en soie jaune.

V.

Le sarcophage sera peint fond blanc, semé
d'étoiles en or. (15).

V I.

Les plus proches parens entoureront le char,

B

tenant d'une main un flambeau fourni par l'administration, et de l'autre un pan du drap mortuaire; les moins proches et les amis suivront deux à deux, en tenant dans les mains les étoffes désignant le sexe, et les instrumens qui apprendront aux spectateurs l'état de ceux qu'on va inhumer (16).

V I I.

La marche sera ouverte par un employé cité dans l'article IV du titre II, portant une torche funèbre, ensuite le régulateur des cérémonies, et puis le char conduit au pas, escorté comme il est dit article VI. La marche sera terminée par deux employés à l'administration, ayant une arme.

V I I I.

Les hommes, autant que leur permettront leurs facultés, seront vêtus de noir proprement et sans élégance; les femmes pourront assister aux obsèques, mais vêtues en blanc et voilées (17).

I X.

Le train du char sera conforme au dessin de la planche 5. Les chevaux seront drapés en noir; ils auront sur la tête un panache blanc; ils seront toujours tenus en bride, et conduits au pas.

X.

Le plus grand silence sera observé par le cortège lorsqu'il passera, les travaux bruyans cesseront, les voitures s'arrêteront, laissant le passage libre, le public restera debout, la tête nue, en observant la décence que prescrit le respect dû aux morts.

X I.

Dans chaque arrondissement, il y aura cent indigens désignés pour assister au convoi ; chacun, selon ses facultés, pourra en demander un nombre à l'administration ; il leur sera donné 3 francs, sur lesquels ils se muniront d'un flambeau ; ils auront un costume aux frais de l'administration, composé d'une tunique de serge noire qui leur dépassera le genou, de quatre pouces, ou 0, 10 ; ils se partageront moitié devant le char, moitié derrière.

X I I.

Le régulateur veillera sur leur conduite ; ils dépendront de lui pour tout ce qui concerne le service (18).

TITRE IV.

Des cérémonies au champ du repos.

ARTICLE PREMIER.

Lorsque le convoi sera arrivé au champ du repos, le cortège entrera dans le même ordre, et le char étant vis-à-vis la tente, quatre employés à l'administration porteront tour-à-tour les bières dans les sarcophages placés sous ladite tente. Voyez le dessin, planche 4, fig. 1 et 2 ( ).

I I.

Une draperie de neuf pieds, ou trois mètres, sur cinq pieds, ou un mètre quatre décimètres, couvrira la bière dans ce court transport.

I I I.

Les parens et amis entoureront le sarcophage sans trop se presser ; ils donneront leur flambeau aux porteurs ; une lampe sépulcrale sera là seule lumière ; alors le régulateur proclamera les noms des décédés, citera les actions de chacun dans un éloge très-court ; enfin il invitera les parens et amis à se séparer de ceux qui leur ont été si chers. Là se borneront les cérémonies des convois de ceux qui ne voudront pas de sépulture à part, ou qui ne se feront enterrer que simplement.

I V.

Si, parmi les morts, il y en avait à qui les parens eussent acheté une portion de terrein pour l'inhumer, ils attendraient que la cérémonie publique fût faite, et le régulateur alors assisterait à cette inhumation particulière, payé à part, ainsi qu'il sera dit dans un article subséquent (20).

V.

Lorsqu'il aura été accordé une permission aux parens du décédé de faire des obsèques séparément, le régulateur de l'administration désignera la place dans le champ du repos, où l'on pourra élever le tombeau, et, sans s'immiscer dans les cérémonies du convoi, il aura soin de veiller à ce qu'elles soient célébrés selon le programme proposé par les parens, et adopté par l'administration; il veillera à y maintenir la décence et la même police que dans les transports publics; sa présence sera payée 5 francs, et celle des employés 3 francs (21).

V I.

On sera libre d'enterrer dans sa propriété;

mais, comme la violation des tombeaux est un crime, il sera toujours spécifié, en cas de vente de la propriété, une condition expresse, *et sine qua non*, que le tombeau restera intact, et sera entretenu aux dépens de l'acquéreur.

V I I.

On sera libre, en vendant la propriété où sera le tombeau, de le déplacer pour le transporter dans un autre ; mais l'administration sera avertie du déplacement, et elle veillera à ce que ce transport se fasse avec le respect dû aux cendres renfermées dans le tombeau.

V I I I.

Les obsèques d'un grand-homme devant être extraordinaires, elles seront l'objet d'une fête publique, dont le caractère sera conforme au genre de talent et de service qui l'auront distingué, à l'emploi qu'il aura rempli. Les artistes, ou l'administrateur général des décès, en proposera le programme au gouvernement (22.)

SECTION II.

TITRE V.

Champ du repos.

ARTICLE PREMIER.

Il y aura pour Paris douze champs de repos, clos de mur (23).

I I.

Tant que la fosse ne sera pas remplie, il restera dessus un échafaud ainsi construit. Voyez la planche 4, fig. 1 et 2. Sur cet échafaud sera placée une tente bleue ; au-dessus de l'ouverture pratiquée dans la plancher, il y aura un sacorphage où seront déposés les corps à leur arrivée ; et, lorsque les assistans seront partis, alors les employés à l'administration s'occuperont de placer les bières, et de les inhumer.

I I I.

Le corps sera enveloppé d'un suaire en toile, et renfermé dans une bière de sapin, herméti-quement close, gaudronnée dans l'intérieur à l'endroit des joints (24).

B 4

I V.

Les bières seront placées les unes à côté des autres à deux pouces de distance ; on coulera de la chaux vive autour et dessus, de quatre pouces d'épais ; sur le tout on mettra un pied de terre jectisse foulée et battue.

V.

Quand la fosse sera pleine, l'échafaud sera démonté pour recouvrir un nouvelle fosse, et la terre sera arrangée sur la première en forme de pyramide, sur laquelle on pourra semer du gazon, au pied on plantera quelques arbustes ; il sera élevé vis-à-vis la pyramide, au pied, ainsi qu'on le voit planche 2, fig. 1, un monument simple en pierre, sur lequel il sera scellé une table de brouze ou de cuivre ; on distribuera dessus les noms des corps ensevelis sous la pyramide (25).

V I.

Le terrein accordé par l'article V, pour élever les tombeaux particuliers, ne pourra excéder en superficie deux toises ; on pourra élever dessus des tombeaux de la forme et de la manière qu'on jugera à-propos ; on sera libre d'y placer les inscriptions, ornemens, selon son culte et son goût (26).

VII.

Quand toutes les fosses seront remplies, qu'il n'y aura plus d'espace vacant au tour des murs, alors le gouvernement fera l'acquisition d'un autre champ, et le premier restera librement ouvert à la vénération du peuple qui pourra le visiter quand il jugera à-propos (27).

VIII.

Il y aura un gardien qui veillera à la police du champ, et qui empêchera d'y commettre aucune dégradation.

TITRE VI.

Inhumation des prisonniers, des suppliciés, des malades dans les hôpitaux civils et militaires, des inconnus victimes d'un assassinat ou d'un suicide (28).

ARTICLE PREMIER.

Ceux qui mourront en prison, dont le jugement n'aura pas été prononcé, étant présumés innocens, seront recueillis et transportés au

dépôt; à leur égard il en sera agi selon le réglement.

I I.

Les militaires qui mourront de maladie dans
les hôpitaux, auront une bière aux frais de leur
corps; ils ne paieront aucun droit, ils seront
conduits au dépôt; et, lors du départ au champ
du repos, dix de leurs compagnons d'armes
assisteront aux obsèques; ils lui rendront les hon-
neurs militaires accoutumés.

I I I.

Toutes les maisons publiques de réclusion de
femmes, dépôt de mendicité, cazernes, où les
morts ne sont pas fréquens comme dans les
hôpitaux destinés aux malades, seront soumises
aux réglemens précités, c'est-à-dire, les corps
seront conduits au dépôt, exempts d'aucun droit,
et portés au champ du repos avec les mêmes cérémonies.

I V.

Dans l'hôpital connu sous le nom d'Hôtel-
Dieu, où les décès sont fréquens, il y aura un char
particulier, et un employé qui prendra les ordres
du régulateur de l'administration la plus voisine;

les frais de bière et de suaire se feront aux frais
de l'administration de l'hôpital.

V.

Le dépôt des cadâvres trouvés, et connu vul-
gairement sous le nom de morgue, est sup-
primé.

V I,

Les corps trouvés dans les rues et autres lieux,
soit noyés, assassinés ou suicidés, seront conduits à l'administration des décès de l'arrondissement, et déposés à l'écart ; l'officier de santé
en permettra l'exposition selon le degré de pu-
tridité ; on lavera la figure, le reste du corps sera
couvert d'un drap. Lorsque quelque parent aura
reconnu le visage, et voudra s'assurer d'une plus
grande ressemblance, en voyant des marques ou
cicatrices à eux connues, on leur découvrira les
parties cachées, en écartant de ce spectacle les
jeunes femmes et les enfans. Les précautions
seront prises pour que l'endroit de l'exposition
soit bien aéré, et que la manière d'exposer soit
conforme à la pudeur.

TITRE VII.

Organisation de l'administration.

ARTICLE PREMIER.

Il sera établie une administration centrale, composée de quatre membres, un directeur et trois administrateurs, elle aura l'inspection générale des décès de la république, et sera soumise en cette partie aux ordres du ministre de la police (29).

II.

Elle organisera dans Paris douze bureaux, un par arrondissement municipal, qui sera composé d'un régulateur, d'un officier de santé, et de huit employés au service des sépultures, transports et inhumations.

III.

Pour l'établissement de chaque bureau et de l'administration, on mettra à la disposition du directeur un local pris dans une maison nationale, où l'on puisse, avec le moins de dépense possible, la distribuer comme on le voit planche 1, fig. 2 (30).

I V.

Selon la population des villes, il sera organisé un plus ou moins grand nombre de bureaux d'administration.

V.

Dans les petites communes, le maire sera le régulateur, et tiendra le registre des décès ; il correspondra dans cette partie avec l'administration générale , dont la surveillance s'étendra sur toute la république.

V I.

Le directeur et les administrateurs seront composés d'un architecte, d'un médecin , et deux citoyens au fait de la comptabilité.

V I I.

Les bureaux d'arrondissement seront composés d'un régulateur entendu , sachant tenir des registres ; les sous-employés, d'un citoyen sachant conduire et panser les chevaux, de deux menuisiers, d'un charron, d'un terrassier et d'un jardinier, plus , de deux hommes de peine.

V. I I I.

L'officier de santé attaché à chaque arrondissement, aura l'emploi désigné dans l'article IV, première section, titre premier.

TITRE VIII.

Fonctions des employés.

ARTICLE PREMIER.

Le directeur aura l'inspection générale des décès et sépultures; il visera les rapports des administrateurs sur les demandes des familles qui voudront honorer leur mort de funérailles particulières; il correspondra avec le ministre pour la recette et la dépense générale; il organisera dans toutes les villes de la république les administrations de décès, surveillera la conduite des régulateurs, et les remplacera quand ils seront déchus de leur emploi.

I I.

Les trois administrateurs se partageront entr'eux, soit l'exécution des réglemens pour les sépultures, l'inspection des administrations, la tenue des registres des décès, soit les rapports sur la conduite des sous-employés; ils ordonneront les travaux, feront les devis, viseront les mémoires et régleront les dépenses relatives à l'organisation.

I I I.

Les douze régulateurs pour Paris seront choisis parmi des pères de familles, qui auront quelques connaissances dans la conduite des travaux, dont les mœurs seront connues ; ils seront chargés des registres de décès ; ils inspecteront les travaux des champs du repos, conduiront les convois, présideront aux cérémonies, et enverront tous les matins, aux administrateurs, un rapport sur les fonctions de la veille ; ils auront leur logement à l'administration,

I V.

Les huit employés sous les ordres du régulateur, seront choisis parmi les ouvriers des états ci-dessus désignés, article VII du titre IV. Six auront leur logement à l'administration ; les deux autres seront chargés de l'inhumation et de la culture du champ du repos, de la plantation et de l'entretien des arbres ; il leur sera établi dans ce champ une demeure , composée de l'absolue nécessité. Le plus ancien des employés recevra les ordres du régulateur pour les transmettre aux autres.

TITRE IX.

Police des employés.

ARTICLE PREMIER.

Du directeur au dernier des employés, il y aura une subordination tellement établie, que la plus petite négligence sera sévèrement punie.

II.

Un employé qui, dans ses fonctions, sera pris de vin, sera renvoyé sur-le-champ.

III.

Un employé qui exigera de la famille du décédé la moindre rétribution, ou qui sera convaincu de ne l'avoir pas refusée, si même on lui avait offert, sera renvoyé de sa place.

IV.

Les trois administrateurs se partageront les douze arrondissemens ; ils feront des inspections dans les champs de repos, et, s'ils s'appercevaient qu'un cadavre fût dépouillé de son suaire ou de sa bière, ou que ces objets eussent été changés contre d'autres de moindre valeur, les employés,

responsables

responsables l'un pour l'autre , seront con-
damnés à une amende égale à six journées de
travail.

V.

Si, dans les cérémonies, les sous-employés ne
se comportent pas avec décence et respect, le
régulateur pourra les mettre aux arrêts.

V I.

Le régulateur ſveillera à ce qu'entre les cérémonies , chacun des employés remplisse ses
fonctions, et qu'il y ait toujours une bière pour
le service journalier.

T I T R E V I I.

Costume des employés.

A R T I C L E P R E M I E R.

Le directeur aura un habit à la française de
drap noir sans broderie , gilet et pantalon de
même couleur, en soie l'été, en velours l'hyver;
pour chaussure, demi‑botte, une écharpe de
soie noire avec une frange en or, un crêpe à
la poignée de son arme, le chapeau retroussé
militairement,

I I.

Les trois administrateurs auront le costume
et l'arme de même que le directeur; ils n'auront
pas d'écharpe.

Pagination incorrecte — date incorrecte

NF Z 43-120-12

I I I.

Les régulateurs, de même que les administrateurs, le gilet et pantalon en drap, ils auront un arme.

I V.

Les sous-employés en fonctions auront habit noir, gilet et pantalon bleu, des demi-bottes, un arme, un crêpe à la poignée.

V.

Les employés dans toutes les cérémonies, auront le chapeau sur la tête.

V I.

Les pauvres qui seront employés pour assister au convoi, auront leur vêtement ordinaire, et par-dessus une tunique en serge noire, ceinte d'un cordon.

OBSERVATIONS.

Dans les projets les plus beaux en apparence, c'est toujours la partie financière qui empêche l'exécution. Je crois démontrer dans celui-ci, aux moins intelligens, qu'il restera à la fin du compte quelques indemnités qui pourront être employées soit à l'embellissement des champs du repos, soit pour les funérailles des pauvres.

INDEMNITÉS.

Le montant de la dépense pour l'établisse-

ment, comme on le verra (note 31), est un objet
pour Paris, d'un million trois cent quatre-vingt
mille francs. Je porte celle des autres grandes
villes à trois millions ; le total sera de quatre
millions trois cent quatre-vingt-trois mille francs ;
cette dépense serait prodigieuse, si je ne faisais
voir l'indemnité, d'abord, tous les terreins ser-
vant actuellement de cimetière tant dans Paris
que dans les grandes villes, seront vendus. Je
porte à deux millions trois cent quatre-vingt
mille francs leur vente ; je réduis alors ma
somme à deux millions avec d'autant plus de
certitude que les terreins où sont maintenant
les cimetières, ont plus de valeur que ceux
que je prescris, qui doivent être plus éloignés des
villes.

Il n'y aurait guère que les grandes communes,
Marseille, Bordeaux, où deux champs suffi-
raient ; les autres, où la mortalité produit moins
de décès, les cimetières actuels seront suffisans,
en les assujettissant au réglement présent.

J'établis donc la dépense à faire, à deux millions, laquelle porte l'intérêt d'une acquisition
ordinaire de terrein, puisque la culture sera la
même, et que rien n'empêchera, tandis que le
besoin du service occupera une fosse, de cultiver le reste et de l'affermer. L'indemnité des dé-

penses premières trouvée, il s'agit de faire voir celle portée à deux cent quatre-vingt mille francs; je veux prouver qu'au lieu d'établir un impôt onéreux, il y a au contraire un bénéfice, modique il est vrai, de dix-sept mille francs, qui pourraient être utiles aux funérailles des pauvres; il meurt vingt mille individus par an à Paris; j'en suppose un quart qui ne puisse subvenir aux frais des dix francs, il me reste alors :

Quinze mille à 10 francs,	150,000 fr.
Les terreins pour les sépultures particulières dans les douze champs,	48,000 fr.
Les enterremens du culte catholique et droits de présence payés à l'administration,	100,000 fr.
TOTAL,	298,000 fr.

Il résulte, en faisant l'opération de la différence des deux sommes, un profit de dix-sept mille francs ; mais supposons qu'il en dût coûter à l'état quelque dépense. Pourrait-il mettre de la parcimonie dans un objet qui doit tendre à la perfection de la morale publique (32) ?

CONCLUSION.

La rédaction d'un projet de loi sur les sépultures, m'a paru la réponse la plus convenable à faire aux questions de l'institut ; j'aurai été assez éloquent, si ma loi est juste, si elle convient au caractère de la nation pour laquelle je la propose ; ce sont ces deux grandes difficultés que j'ai tâché de surmonter dans le cours de ce mémoire. J'ai toujours évité, dans le moindre des articles, un seul mot qui ne fût pas d'accord avec la tolérance des cultes accordés par le gouvernement ; j'aurais eu plus de propension à favoriser le catholicisme, parce que le peuple, celui de la campagne sur-tout, soit qu'il y eût pris naissance, soit à cause de son ancienneté en France, paraît plus généralement l'adopter ; il serait possible cependant que la liberté illimitée dans les funérailles seulement, ne donnât pas aux prêtres trop d'autorité. C'est au gouvernement à qui on doit laisser à ce sujet la disposition de l'initiative. Guidé par l'amour de l'indépendance, je n'ai pas proposé des fêtes annuelles et commémoratives ; on pourra en établir pour les grands-hommes ; il est inutile ici de s'en occuper.

Quoique chez tous les peuples il y ait une commémoration pour les morts, je ne puis l'établir qu'avec des cérémonies, des usages nouveaux, qu'il faudra mettre en faveur auprès des

Français, chez qui les innovations même utiles prennent difficilement.

Je crois qu'en laissant les champs de repos ouverts en tout tems, la mémoire des morts aura lieu d'elle-même au mois de brumaire, époque de la fête des morts, selon le culte catholique. Alors les zélateurs de cette religion viendront prier et s'agenouiller sur la portion de terrein qu'ils auront eu la faculté de faire bénir. En d'autres tems, lorsque les champs de repos seront moins fréquentés, la vraie douleur ira aussi offrir un tribut de larmes aux mânes d'un père, d'un fils ou d'un époux.

Malgré l'importance du sujet sur lequel je propose mon avis, la tristesse qui y préside exige que je termine. De quelque manière que les juges considèrent mon ouvrage, il est le résultat d'un ardent desir de réforme et d'amélioration dans les funérailles. Je crois sans peine qu'on aura pu me surpasser dans la lice. Si j'ai resté en arrière, j'aurai au moins la gloire d'avoir envisagé le but avec courage, et je dirai comme Lafontaine :

> Et si, dans ce sujet, je n'emporte le prix,
> J'aurai du moins l'honneur de l'avoir entrepris.

NOTES.

(1) La première des obligations à remplir dans les décès, est l'acte qui doit les constater. Deux personnes suffiront, d'autant plus que cette déclaration, comme on le verra par la suite, sera suivie d'une visite d'officier de santé, relatée dans un procès-verbal, et qu'elle sera encore signée des parens et amis du décédé, lors du départ au champ de repos.

(2) En faisant visiter le corps du décédé trois heures après la mort, je crois remédier aux erreurs funestes occasionnées par les chagrins. Il est facile à un chirurgien instruit de s'assurer du fait. D'ailleurs, il se passera toujours un intervalle assez considérable entre le décès et l'inhumation. Je suppose un citoyen mort à midi ; le chirurgien le visitera dans sa tournée de 4 heures ; le lendemain, le cadavre sera transporté dans le dépôt de l'administration, et le soir, à huit heures, lors de l'inhumation, il se sera écoulé trente-deux heures ; ce qui paraît suffisant pour établir la certitude d'une mort réelle. La visite du chirurgien est encore nécessaire dans le cas d'une mort violente, ou de celle occasionnée par des maladies dont l'art aurait à profiter. Dans ce dernier cas, l'ouverture des corps aurait lieu ; il y en a dont la putréfaction est si prompte que, malgré les pré-

cautions, on ne peut les garder plus de six heures, sans qu'ils infectent considérablement ; alors ce chirurgien ordonne l'envoi au champ de repos, avant les trente heures et dans la nuit ; nous supposons le cas rare.

(3) La pauvreté est en partie cause de l'indécence qui règne dans certains enterremens ; celui qui souvent a succombé à la privation des alimens les plus nécessaires, ne laisse pas même de quoi couvrir son corps après sa mort. Alors, ceux à qui la bienfaisance publique ordonne d'ensevelir ou d'inhumer, s'en acquittent avec dégoût. La loi doit donc corriger ce vice, en rendant après sa mort l'indigent égal au riche. Sous ce point de vue, l'officier de santé qui ira visiter le mort, sera encore le consolateur des familles éplorées. Les larmes d'une mère et d'un père seront moins cruelles, quand ils sauront que le reste de leur fils est honoré. Ce bienfait public donnera des idées de morale au peuple, pour qui elle est un besoin. La dépense d'une bière et d'un linceuil est évaluée à 12 francs. On verra que ce secours administré avec sagesse, et donné au véritable besoin, ne sera pas onéreux à l'état, et cela détruira un des plus grands vices auquel on cherche à remédier dans cette partie.

(4) Le citoyen instruit n'adopte aucune des religions dans sa pratique ; mais il respecte les motifs de toutes, parce qu'il n'en est guère qui n'ait pour base la pratique des vertus. Si des hommes ont ensuite, pour les pratiquer, ajouté des cérémonies,

ils ne doivent pas être troublés dans l'exécution ; cependant la police a dû borner à l'intérieur des temples l'exercice de chaque culte.

Quant aux obsèques, c'est avec regret que je vois l'impossibilité de les célébrer publiquement ; une procession, nombreuse où un dieu présent par-tout est renfermé entre deux verres d'un diamètre de trois pouces, ne peut que causer beaucoup d'embarras dans une grande ville, et exciter le rire des témoins ; mais le corps d'un citoyen, qui a constamment pratiqué sa religion, à qui les prêtres de cette religion rendent les derniers devoirs, pourraient être vu avec respect de tous les autres hommes.

Malheur à l'être démoralisé, à qui un convoi ou des funérailles, n'inspireraient pas une pensée ou un sentiment sur lui-même ! Qui n'éprouverait pas quelques émotions en voyant passer un mort porté en terre ? On est frappé de cette idée, qu'un jour on terminera ainsi le voyage de la vie. Cependant la religion catholique, plus fréquemment suivie et certains plaisirs que le peuple a de suivre d'anciennes habitudes, remettrait bientôt les enterremens en vogue, avec la sonnerie, les draps noirs, les croix et les champs funèbres des prêtres. Cette seule considération m'empêche de voter en faveur des cérémonies pratiquées à l'extérieur ; mais quelque jour viendra, où les catholiques n'étant pas plus nombreux que les autres sectateurs de religion, on pourra leur permettre d'exercer leurs cérémonies publiquement, parce que tout devoir pieux rendu aux morts , toutes les fois qu'il le sera avec décence, ne peut qu'inspirer un bon exemple au peuple.

(5) Je ne doute pas que beaucoup de concurrens proposeront pour cérémonies, les usages reçus par beaucoup de religions, et pratiqués chez les anciens, tels que le visage des morts à découvert, la décoration de leurs habits les plus beaux, la représentation sur un lit de parade, les parfums et les différentes méthodes d'embaumer. Moi, je ne veux fixer aucune règle sur ce sujet, à un peuple aussi vieux dans ses habitudes que le Français.

Quant au visage découvert, beaucoup de décès sont occasionnés par des maladies qui rendent les figures hideuses ; quant à la conservation des corps, les préparations exigent des soins dispendieux ; et, généralement, les cérémonies tiennent trop à un culte ; il faut prévoir tout, ici, et établir un mode de cérémonie qui ne soit contrarié par rien ; il faut se borner au plus simple. Laissons subsister ce qui est bien ; améliorons, en élaguant ce qui est mal ; et, dans un pays où il est de l'intérêt du gouvernement de ne pas accorder plus de privilège à un culte qu'à l'autre, il ne doit pas lui-même en exercer un nouveau qu'il ne pourrait protéger qu'en nuisant à la propagation de ceux établis. Je ne propose rien de nouveau en ensevelissant les morts dans un linceuil, et en les renfermant dans une bière. Cependant j'aurai fait mieux, si l'on a soin que ce linceuil soit de bonne toile, et si le cercueil est hermétiquement fermé et goudronné dans l'inté-

rieur ; on ne verra plus alors, comme j'en ai été
le témoins, à travers des planches inexactement
jointes, un spectacle hideux dont j'épargne ici la
peinture dégoûtante.

(6) La grande population de la ville de Paris né-
cessite cette mesure, ainsi que l'éloignement forcé
où l'on sera d'établir les champs du repos ; il y aura
douze dépôts, un pour chaque arrondissement :
l'on suppose soixante-douze décès pour terme moyen
par jour ; il y aura six corps à transporter à chaque
dépôt ; ce qui forme, dans une année, un total de
vingt-huit mille deux cent quatre-vingt morts,
et l'expérience prouve que le terme moyen des décès
à Paris, est de vingt mille ; les corps des décédés
ayant été rassemblés le matin successivement, cela
évitera des courses multipliées, et donnera moyen
aux employés de s'occuper utilement dans la journée.

(7) Quoique la salubrité et la décence publique
exigent que les corps soient ainsi emportés avant le
jour, néanmoins les citoyens du culte catholique, qui
voudront présenter leurs parens aux églises pour
faire dire une messe ou chanter des vêpres, pourront le faire ; mais ils seront obligés de payer les
porteurs de l'administration et la présence du conducteur : ces frais, indépendans de ceux exigés par
la loi pour chaque sépulture, seront de douze francs,
qui seront d'un secours pour l'enterrement des
pauvres : ces petites difficultés forceront de prendre
l'habitude moins dispendieuse de laisser conduire les
corps au dépôt, et l'on se contentera de dire la
messe des morts sans représentation réelle.

(8) J'ai donné ici le plan d'une administration de décès, sans vouloir préciser, pour ces sortes d'édifices, le caractère et la distribution du local, tel que je l'ai tracé. On choisirait dans les arrondissemens un domaine national ; on ferait en sorte d'y réunir tont ce que j'ai désigné sur ce plan. Quant au style de l'architecture et aux ornemens, les artistes, d'après ces premières idées, ponrraient en développer d'autres, et en exécuter d'analogues.

(9) C'est dans cet article et les suivans que j'expose aux yeux du peuple une source de morale à laquelle il n'est pas accoutumé, mais que sa curiosité lui forcera de cultiver : il viendra d'abord pour voir la salle, en suite pour connaître ce qu'était le défunt ; peu-à-peu il s'en fera une douce habitude, toujours en pensant qu'il dépend de lui, qu'un jour on lise aussi quelques vertus écrites sur son enseigne.

(10) Il fallait un article pour les riches : ils aiment toujours à satisfaire leur vanité ; ce sera, dans l'exposition des étoffes et des instrumens de leur état, qu'ils pourront chercher à se distinguer. On verra donc sur le cercueil du militaire, cette épée redoutable qui a triomphé de l'ennemi ; sur celui du laboureur, l'instrument qui a fécondé la terre. Cet usage, qui n'avait jusqu'ici été pratiqué que sur la tombe des guerriers, apprendra au peuple l'état que professait le mort, et en quoi il fut utile à ses concitoyens.

(11) Quand une famille aura obtenu de faire des funérailles particulières, le corps ne sera pas ex-

posé dans le dépôt, s'ils ont prévu des cérémonies particulières pour l'accompagner au champ du repos ; mais on y affichera l'acte de décès, et un éloge semblable à ceux des corps présens.

(12) On voit, d'après cet article, que, pour ce qui regarde les petites communes, il y a peu à faire pour les obsèques ; le culte catholique qui y est le plus en vigueur, doit tranquilliser sur le respect dû aux morts. Il y aura quelqu'attention à avoir sur la salubrité, le délai de trente heures pour l'inhumation, et la tenue du registre des décès.

(13) Pour éviter la confusion dans le service, il a paru nécessaire de remettre les cérémonies du convoi au soleil couchant ; c'est l'heure où, au retour des travaux, on pourra plus librement assister aux enterremens, et écouter l'éloge de ses concitoyens. Il est cruel quelquefois pour les parens les plus proches de suivre un convoi ; chacun a sa manière de ressentir la douleur ! On ne forcera donc pas les parens à être présens ; car il en est qui ne le pourraient sans être sujets à se trouver mal, on les en dispensera ; mais ils se feront remplacer par des amis ou connaissances. C'est un soulagement qu'ils trouveront toujours, et il est rare qu'il n'y ait quelqu'un d'assez pieux pour y contribuer.

(14) Il convenait peut-être que des amis ou des parens se fussent chargés de porter le corps du décédé ; quelques-uns eussent pu le faire ; mais combien d'autres n'en auraient pas eu le courage, et

même la force. Ce mode tient beaucoup à la religion, et est en usage chez certains peuples ; chez nous, l'on s'est borné à tenir un des angles du drap mortuaire ; beaucoup ont été élevés dans une répugnance pour les morts qu'ils ne sauraient vaincre. On ne change pas en un jour le préjugé de l'enfance ; on payerait des porteurs, et dès-lors le but serait manqué. Ce sont ces motifs qui m'ont déterminé à adopter l'usage d'un char ; je ne l'emploie pas pour premier enlèvement des corps au domicile, de crainte d'effrayer par le bruit du chariot, les parens sensibles.

(15) Le sarcophage du char, ainsi qu'il est figuré planche 5, pourra contenir six corps.

(16) Et ceux, dira-t-on, qui n'ont pas d'état ; doit-il y avoir de ces sortes de gens dans une république ? Mettra-t-on une forme et un tire-pied sur la bière du cordonnier ? Espérons que le peuple deviendra assez sage pour le voir sans rire.

(17) Je n'ajoute à mes cérémonies, ni musique, ni costume étranger à ceux de l'habitude ; je laisse ces ornemens qui rentrent un peu dans la pratique d'un culte quelconque aux familles des riches particuliers qui en auront obtenu la permission de l'administration. Quant au costume, celui des hommes étant susceptible de moins varier, on ne peut penser à en établir d'autres sans passer pour ridicule ; le gouvernement l'a bien senti, et toutes les autorités sont vêtues à la française. Je prescris donc

le costume français de couleur noire ; les femmes, qu'on ne doit point contrarier, suivront leur mode, mais en blanc, sans diamans et sans ornement étranger aux cheveux, sinon ceux dont la nature les a favorisé ; j'exigerai le voile, afin que leur douleur soit moins distraite, ou que la vue de leurs charmes ne détourne pas de l'image sérieuse que représentent les cérémonies lugubres.

(18) C'est du choix du régulateur que dépendra l'issue de la réforme dans les décès ; jusqu'à présent c'est un fonctionnaire public, dont les appointemens sont médiocres, et pour lequel on n'a aucune considération. Dans mon projet de loi, j'attache de l'importance à cet emploi public ; la tenue des actes, l'inspection sur les employés subalternes, le choix d'un homme malheureux réformé de quelqu'administration, l'assimileront pour le rang au commissaire de police, au juge-de-paix, et cet état peu recherché maintenant, sera un emploi honoré et estimé dans la société. On pourrait croire, au sujet des indigens, que je rappelle l'usage des enfans de la Pitié ; il était utile à ces enfans, et par conséquent on peut le rétablir ; mais, comme la plûpart aimaient à jouer, ils laissaient tomber la cire de leur flambeau sur les passans ; je leur substitue des pauvres d'un âge mûr, qui marcheront avec plus de tranquillité.

(19) On voit par la manière dont la tente est disposée, que la fosse est entièrement cachée aux yeux des asssistans.

(20) Les obsèques de l'administration coûteront dix francs, non compris la fourniture d'un cercueil en bois de sapin, qu'elle donnera pour six francs. Les funérailles, d'après le projet qu'on vient de lire quant aux cérémonies, seront faites avec assez de pompe pour qu'aucune des classes de la société ne rougisse de faire enterrer ainsi ses morts ; d'après cela, il n'y aura que les riches qui feront des pompes funèbres à part.

(21) N'y ayant que de très-riches familles dans le cas d'exécuter des funérailles à part, celles de ce genre seront très-rares.

(22) C'est dans ce cas où le génie aura toute la latitude pour honorer la mémoire d'un grand-homme ; ses restes n'appartiennent pas à sa famille, et les obsèques deviennent un sujet de programme pour les artistes. Ici, je pourrais étendre mon imagination, et lui laisser l'essor que peut lui faire prendre un si beau sujet ; je prendrais mes exemples et mes modèles dans l'antiquité ; les catafalques, les pyramides, les jeux funèbres, les courses de char, sont les moindres accessoires, à l'aide desquels je veux illustrer un mort célèbre. Je crois inutile de mettre sous les yeux de l'institut ces descriptions. Les grands-hommes privent assez promptement la nation de leur génie bienfaisant ; espérons que le moment auquel nous nous occuperons d'un si grand sujet, est encore loin, et bornons-nous maintenant à l'organisation des funérailles des plus simples particuliers.

(23)

(23) Après avoir médité sur les projets d'inhumation et de sépulture, j'ai vu que les cimetières étaient le moyen le plus conforme à la nature, à l'habitude de tous les peuples ; le tombeau le plus simple, me suis-je dit, a été une fosse où l'on a placé un cadâvre, recouvert ensuite avec la terre prise aux dépens de la même fosse, en forme de *tumulus*, pour me servir d'une expression latine, d'où est formé notre mot *tombeau* ; mais, à côté d'une ville aussi peuplée que celle de Paris, il serait impossible d'avoir un champ assez vaste pour que chaque corps eût sa fosse particulière. Dans l'espace d'un an, les morts de cette commune couvriraient une étendue de vingt mille toises superficielles ; j'ai donc pensé qu'indispensablement, il fallait établir des fosses, dans lesquelles les corps seraient arrangés dans un ordre où leur putréfaction ne pourrait nuire ; la terre de ces fosses, remise sur les corps, formera une pyramide qui restera éternellement, et sur laquelle on pourra planter, semer, sans souiller les reliques humaines. J'établis donc douze cimetières, chacun de huit mille toises de superficie, entouré d'un mur, et où les fosses seront distribuées dans l'ordre de la planche troisième, figure 2. Les fosses contiendront étant remplies, mille individus ; le terrein, au pied des murs, sera destiné à l'emplacement que l'on pourra acheter à l'usage des tombeaux particuliers ; il n'y aura qu'une fosse en activité, et quand tout le champ sera rempli, il formera un élysée où chacun pourra faire commémoration des morts ; le terrein, de cette façon, ne perdra rien de sa culture, il aura le même rapport

D

qu'avant. On pourra même y planter des arbres fruitiers si sa nature le comporte, et l'affermer. L'asile des morts sera enfin respecté ; les siècles les plus reculés, en supposant que quelque révolution inattendue ne change pas la face de la terre, verront multiplier les champs de repos, sans s'effrayer du nombre, puisque les récoltes s'y feront comme dans les autres terreins. N'a-t-on pas vu dans les chemins, dans les campagnes de Rome, de Thèbes, d'Athènes, s'élever des tombeaux ! Les champs qui leur servaient de base n'en étaient pas moins fertilisés, et il viendra peut-être un tems où nos cimetières n'auront plus besoin de clôture, et où les pyramides couvertes, soit de bled ou de seigle, attesteront par leur forme qu'il repose sous leur élévation des dépouilles humaines.

La chimie peut présenter des moyens prompts de dissolutions, même économiques ; j'ai négligé d'en proposer l'usage, j'aime mieux l'idée simple d'aller à certain tems de l'année méditer sur un tombeau, me rappeler celui pour lequel il a été élevé, voir son image et ses vertus retracées dans quelques vers sur une épitaphe, que l'idée brillante et jolie d'avoir sur une cheminée un buste de verre ou un vase, produit chimique des os de mes pères, que le moindre accident peut briser et rendre bon à rien. Mon projet est de laisser une entière liberté à ce sujet. Qu'il soit permis à ceux qui le voudront, d'employer l'alambic et les fourneaux, de brûler leur mort sur un bûcher ; quant aux funérailles ordonnées par l'administration, elles doivent pouvoir convenir à toutes les fortunes et à toutes les volontés , et causer le moins de dépense possible à l'état.

(24) Cette précaution empêchera la putréfaction des corps d'avoir lieu si promptement.

(25) Il est aisé de placer mille noms sur une planche de cuivre de trois pieds sur quatre, cela formerait vingt colonnes de cinquante lignes très-lisibles. On pourrait ainsi exprimer le titre de la pyramide : Etat nominatif des individus dont les corps gissent sous cette pyramide; le premier a été déposé le 2 floréal de l'an 9, le dernier le 14 germinal de l'an 20. Si l'on voulait faire une recherche sur le registre, on verrait l'état, la profession et les vertus du personnage, dont le nom serait inscrit sur la plaque de cuivre. Un graveur serait payé pour buriner les noms ; vingt mille coûteraient à graver, cinq mille francs, à raison de cinq sous, ou vingt-cinq centimes par nom.

(26) A côté de ces tombeaux, il sera permis de faire des plantations d'arbustes, de fleurs, qui les embelliraient, et au bout d'un certain tems, ce serait un véritable élysée.

(27) On présume que ce second champ pourrait se passer de clôture, d'après les raisons énoncées dans la note de l'article premier, deuxième section, titre premier.

(28) J'ai cru devoir ajouter les articles à part au sujet de ce titre; il est question, il est vrai, d'abolir la peine de mort ; en attendant, comme beau-

coup ne voudraient pas mêler les cendres d'un mal-
faiteur avec celles d'un honnête citoyen, l'exécu-
teur les conduira au champ de repos. Quant aux
grands hôpitaux, il est prouvé qu'ils ne font pas le
meilleur régime pour les malades d'une grande ville.
A la paix, on s'occupera d'en former dans chaque arrondissement, qui seront, pour leurs morts, soumis
au réglement des particuliers.

(29) L'établissement d'une administration sage me
paraît préférable à toutes ces régies intéressées, et
à toutes les compagnies, qui ne manqueraient pas
de s'offrir pour faire de la mortalité une nouvelle
spéculation qui vexerait les citoyens d'un impôt
onéreux, et il est indigne d'un gouvernement de
favoriser ainsi l'avidité de fermiers, qui, sous l'ap-
pas d'un bénéfice apparent pour le trésor public,
contribuent à la ruine et à la misère du peuple.

(30) Le loyer présumé de ce local, supposé dans
les quartiers de Paris les plus chers, serait de vingt
mille francs.

(31) DÉPENSES ET INDEMNITÉS.

*Montant de la dépense à faire pour l'établissement
des administrations.*

ARTICLE PREMIER.

Douze terreins pour les champs de repos, ayant chacun quatre-vingt toises

sur cent, c'est-à-dire, huit mille de superficie, à raison de dix-huit mille
francs chaque, donnent deux cent
seize mille francs, ci. . . . .   216,000 fr.

I I.

La clôture, compris décoration,
porte d'entrée, estimées soixante mille
francs chaque, font sept cent vingt
mille francs, ci. . . . .   720,000 fr.

I I I.

Les douze tentes et échafaud à huit
mille francs, font quatre-vingt-seize
mille francs, ci. . . . .   96,000 fr.

I V.

Douze chars, ustensiles d'écuries,
harnois l'un dans l'autre à deux mille
francs, vingt-quatre mille francs,
ci. . . . .   24,000 fr.

V.

Draperie pour l'ornement des chars
et cercueils, ci. . . . .   6,000 fr.

V I.

Trente-six chevaux à six cents
francs, ci. . . . .   21,600 fr.

V I I.

Réparation des domaines affectés
aux administrations, bureaux, dépôts, logement, écurie, de trois
cent mille francs, ci. . . . . .   300,000 fr.
                                    ____
TOTAL. . . . . . . 1,383,600 fr.

D 3

Montant de la dépen e annuelle pour ce qui con-
cerne l'entretien, les appointemens, les réparations
et autres frais.

ARTICLE PREMIER.

Suaire et cercueil des indigens, trente-
six mille francs. . . . . 36,000 fr.

II.

APPOINTEMENS.

Un directeur à. . . .	10,000 fr.	
Trois administrateurs.	18,000 fr.	
Bureau de l'administration générale.		
Deux commis. . . .	5,000 fr.	177,000 fr.
Douze régulateurs . .	36,000 fr.	
Quatre-vingt-seize em- ployés à 1000 francs. . .	96,000 fr.	
Douze officiers de santé.	12,000 fr.	

III.

Entretien et pansement de trente-six
chevaux, accidens prévus. . . . . . 24,000 fr.

IV.

Fourniture des bureaux, costume des
pauvres, torches funéraires, inscriptions des noms sur le cuivre. . . . . 20,000 fr.

V.

Entretien des bâtimens des administrations. . . . . 24,000 fr.

TOTAL. . . . . . 281,000 fr.

(32) Tous ces calculs ont été établis avec soin ; les dépenses au plus haut, les produits au plus bas.

Fin des notes.

EXPLICATION

De la première Planche.

Fɪɢ. 1ʳᵉ. Élévation d'un bâtiment destiné à l'établissement d'une administration de décès ; on pourrait adopter la décoration figurée ici pour ces sortes de bâtimens ; je ne le prescris pas, pouvant être de quelque dépense, quoique très-simple.

Explication des deux figures.

Nᵒ. 1. Atelier des menuisiers et selliers.

Nᵒ. 2. Petite cour.

Nᵒ. 3. Grande cour.

Nᵒ. 4. Remise, hangard.

Nᵒ. 5. Logement du menuisier.

Nᵒ. 6. Logement du conducteur.

Nᵒ. 7. Place pour les spectateurs qui viendront visiter les corps exposés pendant le jour.

Nᵒ. 8. Sarcophage sur lequel seront exposés les morts.

Nᵒ. 9. Cuisine à l'usage du régulateur.

Nᵒ. 10. Entrée précédant le bureau.

Nᵒ. 11. Salle pour les parens.

Nᵒ. 12. Bureaux et dépôts des registres.

N°. 13. Passages.

N°. 14. Escalier du premier.

N°. 15. Écurie pour trois chevaux.

N°. 16. Dépôt des draperies et costumes des parens.

Nota. Dans les grandes municipalités, on pourra trouver une maison nationale, où à peu de frais on établira cette distribution.

EXPLICATION

De la deuxième Planche.

Fig. 1ʳᵉ. Pyramide de gazon ; la terre se trouve fournie aux dépens de la fosse destinée à servir de tombeau public, d'où elle sera extraite, et ensuite remise ainsi qu'on le voit. Lorsque le lieu sera rempli aux quatre angles à douze pieds des bords, il sera planté un peuplier ou un arbre fruitier, n'importe l'espéce ; devant la pyramide on posera une pierre sépulchrale, sur laquelle sera scellée une plaque de cuivre contenant les noms de ceux qu'enclôt la pyramide.

Fig. 2. Entrée du champ de repos pour ornement de la porte, j'ai posé un niveau soutenu par

(58)

deux cippes; l'idée du niveau, quoique commune, peut être ici adoptée très-convenablement.

EXPLICATION

De la troisième Planche.

Fig. 1re. Coupe sur la ligne A B du plan,

Fig. 2 Disposition générale du champ du repos, avec les petits tombeaux auprès des murs ; les pyramides sont espacées de manière à pouvoir laisser librement circuler au tour, et devant chaque petit tombeau on peut placer beaucoup de sépultures particulières, et faire un élysée ou une retraite pour la commémoration des morts.

EXPLICATION

De la quatrième Planche.

Fig. 1re. Coupe de l'échafaud de la tente et de la fosse. On voit derrière le talus la terre tirée du trou.

Fig. 2. Coupe sur la largeur. On lui donne sur ce sens une forme un peu conique, pour éviter l'éboulement des terres.

A. Disposition des cercueils sur la longueur et lar‑
   geur.
B. Échelle pour descendre dans la fosse.
C. Machine pour descendre la bière.

EXPLICATION

De la cinquième Planche.

Fig. 1re. Train du char avec le sarcophage, orné de
   ses draperies.

Fig. 2. Coupe du train et du sarcophage.

Fig. 3. Plan du train et du sarcophage.

FIN.

Pl. 4.
ADMINISTRATION
DES MESSES
Fig. 2

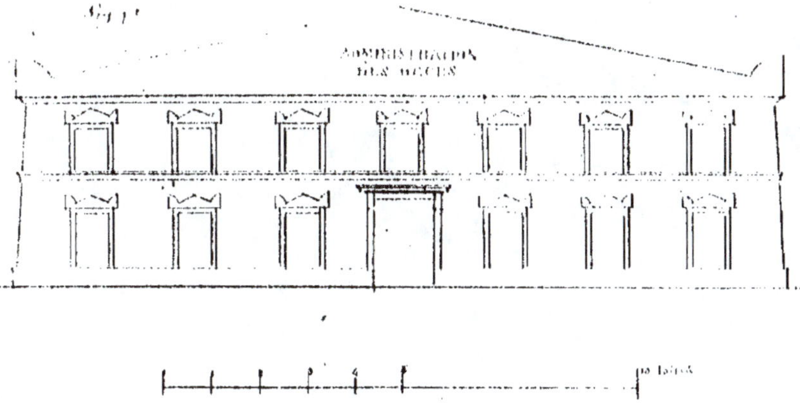

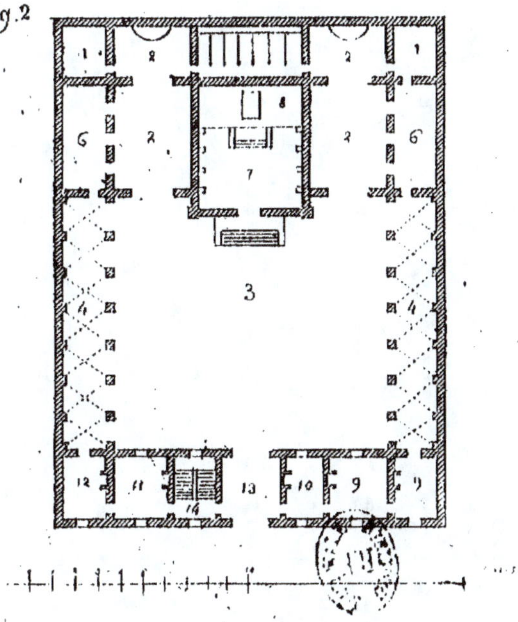

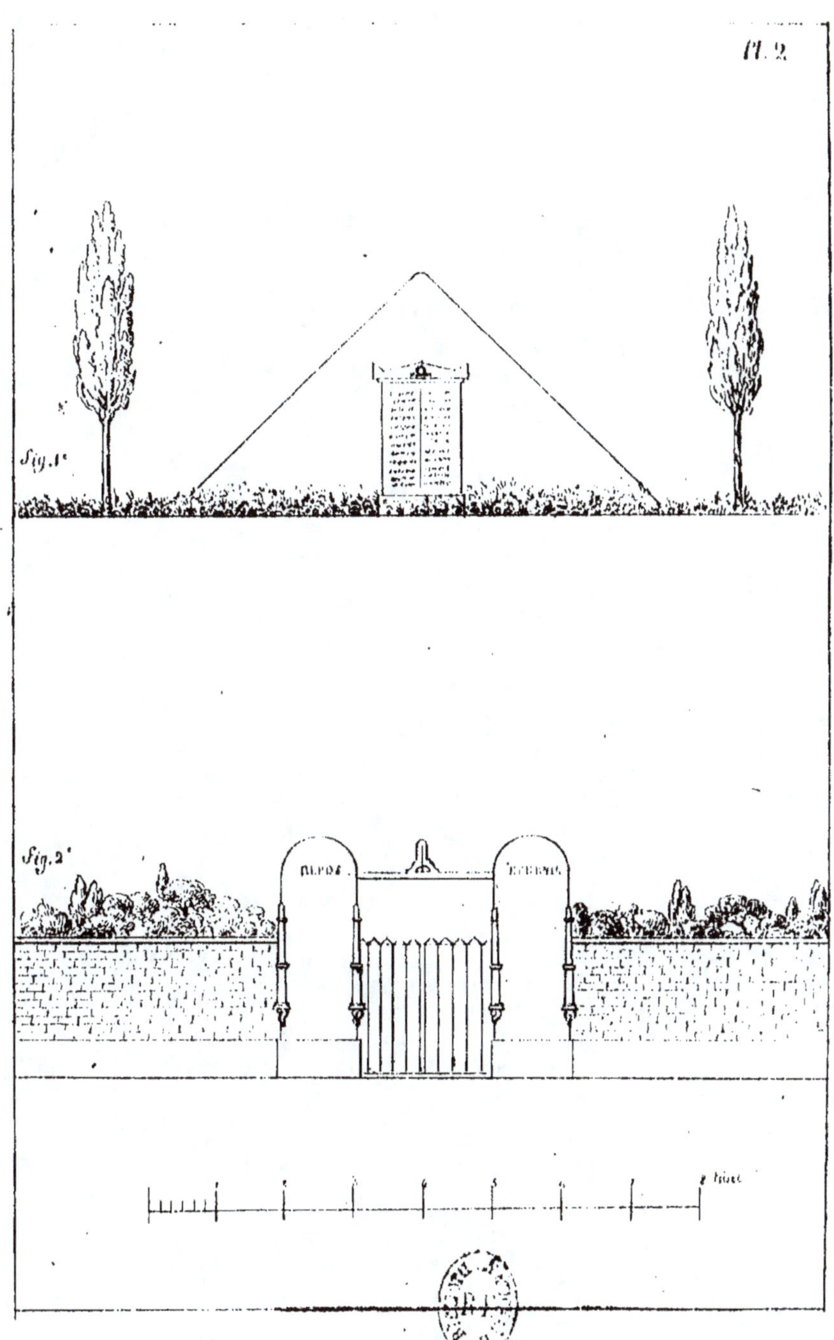

Fig. 1.e
Fig. 2.e

Fig. 1.

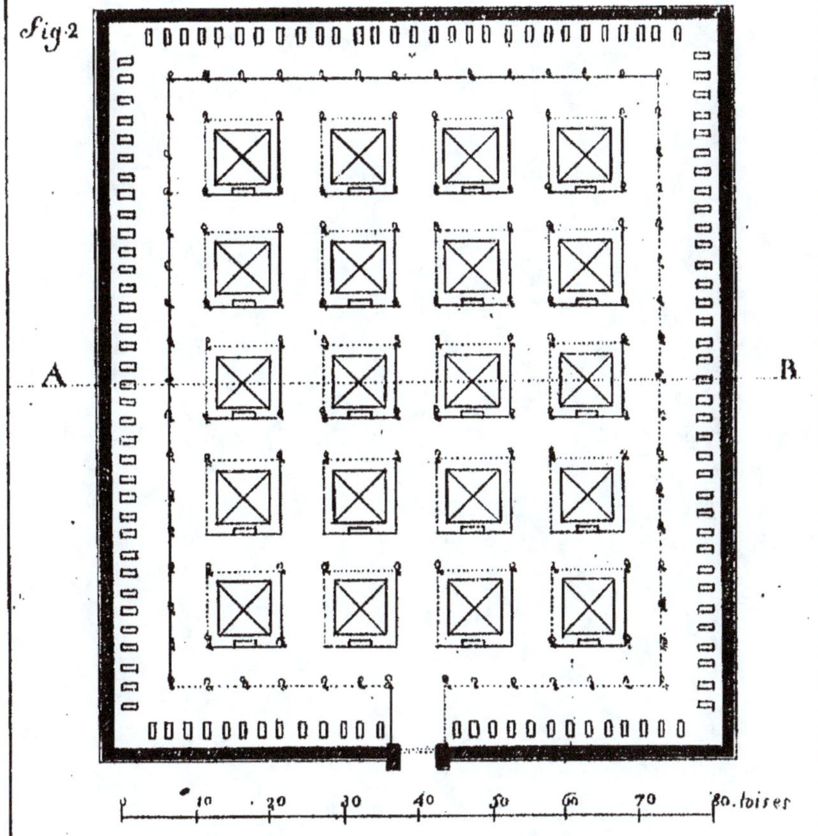

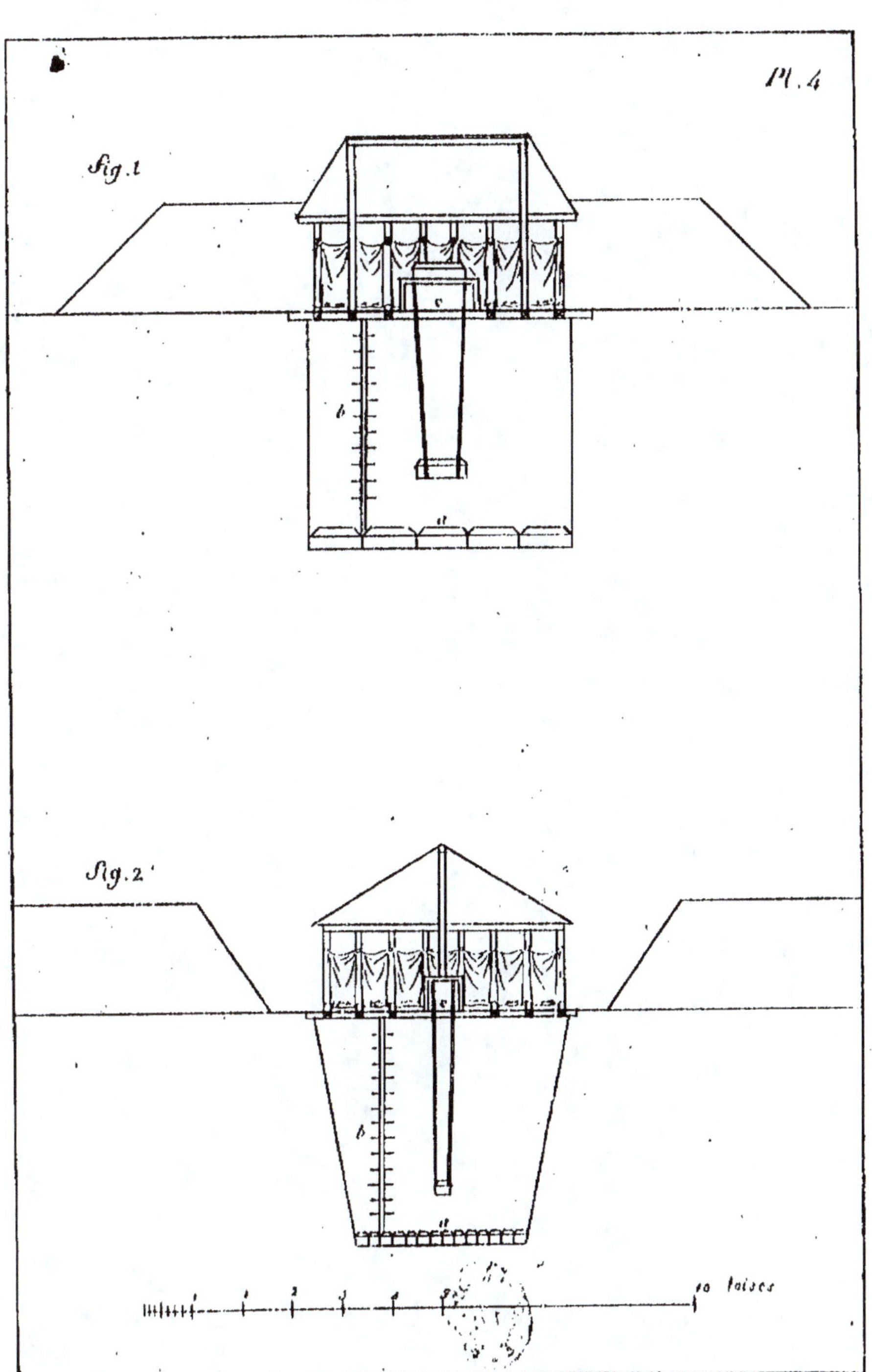

Pl. 4
Fig. 1
Fig. 2
10 toises

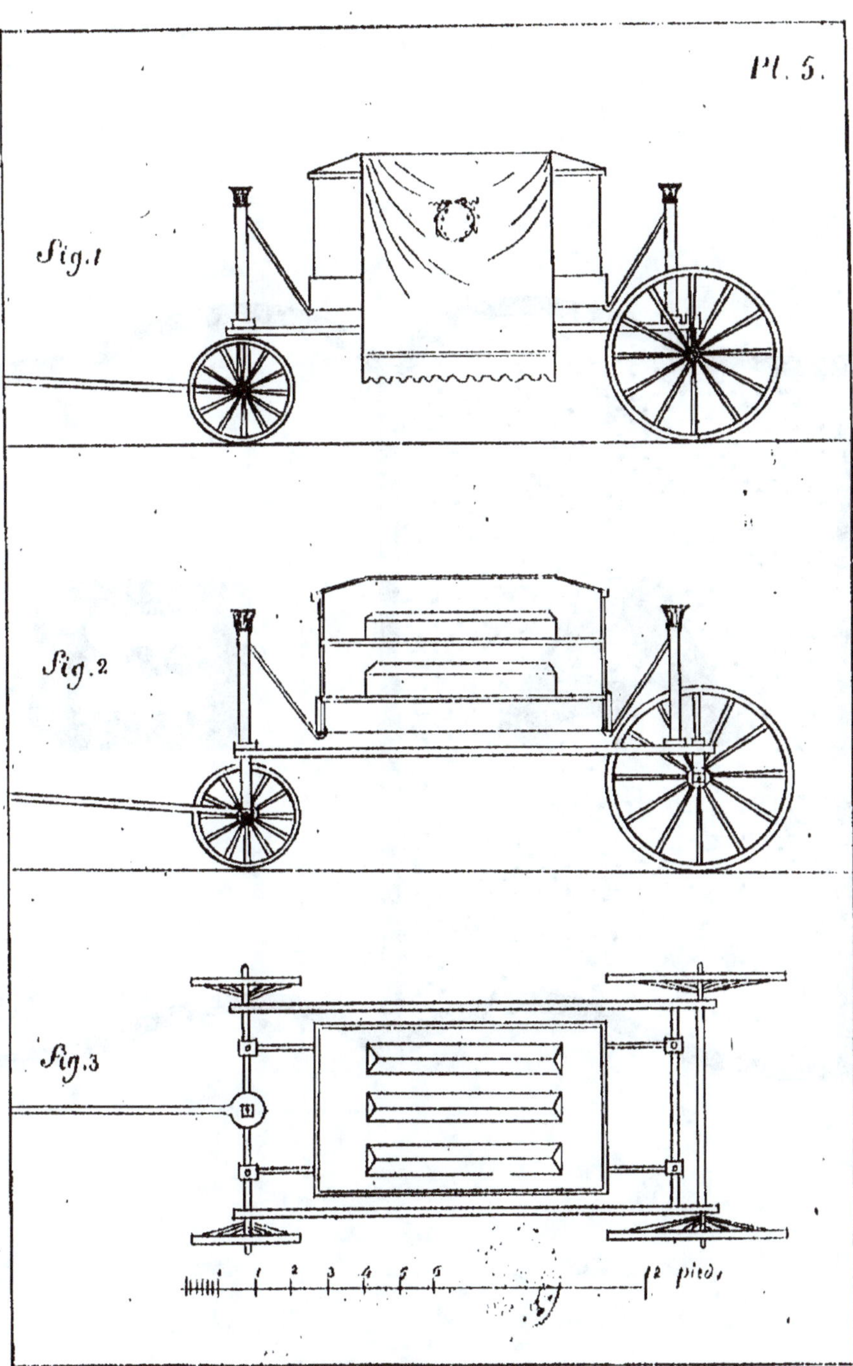

Pl. 5.
Fig.1
Fig.2
Fig.3
12 pieds.

Contraste insuffisant

NF Z 43-120-14